COPIES

DE

MÉMOIRES

PRÉSENTÉS

À S. M. I. NAPOLÉON III, EMPEREUR DES FRANÇAIS

Par M. LAURENT (FRANÇOIS)

Propriétaire à Chauvency-le-Château, Membre de la Société d'Agriculture
de l'arrondissement de Montmédy,

Sur les maladies pestilentielles qui ont lieu depuis bon nombre d'années, parmi les
hommes, les animaux et les végétaux,
et moyens très-avantageux pour
les faire cesser.

MONTMÉDY,

TYPOGRAPHIE DE HENRY.

1858.

DÉPARTEMENT
DE LA MEUSE.

ARRONDISSEMENT
DE MONTMÉDY.

CANTON
DE MONTMÉDY.

COMMUNE
de
Chauvency-le-Château

Mémoire sur les ma-
ladies pestilentielles
qui ont lieu parmi
les hommes, les ani-
maux et les végétaux.
Moyens pour faire
disparaître ces fléaux.

PREMIÈRE ÉDITION

DE MÉMOIRES

ADRESSÉS LE 9 JUIN 1855

A S. M. I NAPOLÉON III, Empereur des Français,

CONCERNANT

les maladies pestilentielles qui ont lieu sur les hommes, les animaux et les végétaux.

MOYENS

pour faire disparaître ces fléaux.

A Sa Majesté Napoléon III, Empereur des Français,

LAURENT (FRANÇOIS), propriétaire, cultivateur, membre de la Société d'Agriculture de l'Arrondissement de Montmédy et ancien Maire, à Chauvency-le-Château.

SIRE,

Nous avons l'honneur d'exposer à Votre Majesté que les circonstances fâcheuses qu'éprouve aujourd'hui la société, nous impose le devoir d'adresser à Votre Majesté l'exposé de la maladie qui frappe le genre humain ainsi que les végétaux.

De la Maladie des végétaux.

Nous avons remarqué que la maladie qui a atteint les pommes de terre en 1845, a pris naissance à l'époque où les machines à vapeur et les fabriques de gaz ont pris de l'extension.

La houille, qui sert à activer ces mouvements industriels et commerciaux, est un combustible qui produit une énorme quantité de matières gazeuses ; ses miasmes sont impropres à la respiration et causent l'asphyxie.

Personne n'ignore que les végétaux, de même que les hommes et les animaux, sont doués d'organes respiratoires indispensables à leur existence ; ces organes sont les racines et les feuilles, et, c'est par eux que se fait l'absorption de l'air et de ses éléments. À l'époque des chaleurs, cette absorption est très-rapide ; les végétaux sont en quelque sorte desséchés et altérés par l'ardeur du soleil, et c'est avec avidité qu'ils absorbent cette eau, chargée selon nous, d'un principe délétère, que produisent les pluies d'orages si communes dans les mois de juillet et d'août.

Aussi ne devons-nous pas être étonnés de voir, à cette époque et principalement après une pluie d'orage, dépérir les pommes de terre ; leur tige, la première infectée, se flétrit et se fane. En peu de temps, la vie a donc quitté cette portion du végétal ; comme organe d'absorption, il ne reste plus à la plante que sa racine ; celle-ci, chargée de puiser dans le sol des éléments nutritifs, accélère la décomposition du végétal au lieu de le refortifier, en absorbant par ses spongioles des principes viciés par cette eau morbifique dont s'est imprégnée la terre. Voilà pourquoi le tubercule, qui ne reçoit que des sucs impurs, languit et présente en plusieurs points de sa surface des taches noirâtres, brunâtres et fétides, indice non équivoque de décomposition.

C'est en 1845, avons-nous dit, que la maladie a apparu sur les pommes de terre ; et depuis cette époque elle a constamment suivi la voie du progrès. Dix années ont suffi pour qu'elle atteigne la généralité des végétaux de toute espèce.

Jusqu'en 1854, la maladie ne s'était encore montrée que sur les feuilles des arbres des forêts ; mais cette année elle en a frappé aussi le tronc, et elle a sévi avec plus d'intensité sur la plupart des végétaux qui en étaient déjà atteints.

Il en est aujourd'hui de la vigne comme des arbres des forêts ; jusqu'en 1854, la maladie n'avait encore paru que sur le raisin et les feuilles, mais le cep, cette année, en fut également atteint.

Nous éprouvons aussi le désir de faire connaître nos observations au sujet de la maladie qui frappe aujour-d'hui le genre humain, comme nous le faisons sur celle qui détruit les végétaux.

L'homme qui, jusqu'en 1854, avait été préservé de la maladie des végétaux, en fut frappé pendant le cours de cette année ; elle s'est également généralisée dès son début comme lorsqu'elle a apparu sur les végétaux.

Dans une commune voisine, à 10 kilomètres environ, où l'on comptait 1,700 âmes, il nous a été rapporté par des personnes dignes de foi, que la généralité des habitants avait été atteinte par cette maladie. Les personnes qui n'étaient point arrêtées par ce fléau n'en éprouvaient pas moins des malaises. Il a été constaté qu'au moment où la maladie était le plus intense dans cette localité, 1,123 furent atteintes dans l'espace de 7 jours ; 224 en sont mortes. La plupart tombaient malades pendant la nuit et la mort les frappait aussi nuitamment. Il nous a encore été rapporté qu'au moment où la maladie sévissait dans cette localité, une quantité de poules et beaucoup d'hirondelles y sont mortes, plusieurs moineaux et des oiseaux d'autres espèces tombaient dans les jardins et sur les places publiques, tout en battant des ailes sans pouvoir reprendre leur vol ordinaire.

Dans notre commune, composée de 621 habitants, la plupart tombèrent malades et par la suite 35 moururent. Il y avait dans notre localité deux bourgeois qui nourrissaient des oies, ils en possédaient 70. Ils nous ont déclaré que pendant la maladie, ils en ont eu 23 de mortes. Lorsqu'elles tombaient malades, elles chancelaient comme prises de vertiges, et un instant après elles n'existaient plus. Le corps d'une grande partie de ces animaux était devenu noir.

Dans la partie du village où la maladie était le plus intense, plusieurs hirondelles ont été vues mortes sur les lieux publics et dans les jardins ; même une mère a été trouvée sans vie dans son nid avec toute sa famille. Au même endroit, dans plusieurs nids tous les petits furent trouvés morts.

Nous avons pensé qu'il n'était pas nécessaire de faire connaître les suites funestes de la maladie où elle a sévi avec force dans toutes les communes environnantes, et que deux seulement seraient bien suffisantes pour donner un échantillon des ravages qu'elle causa dans sa marche. Nous avons été informé que dans un grand nombre de localités de notre arrondissement, la maladie a été encore plus intense et qu'elle y avait fait plus de victimes en proportion de la population.

Cette maladie est une fatalité, elle frappe les hommes comme les plantes, elle tombe sur une communauté d'habitants comme sur un champ de pommes de terre ; ceux qui n'en sont pas très-malades, n'en éprouvent pas moins des malaises ; en pareilles circonstances, il arrive souvent que des familles entières sont privées de secours. C'est dans cette catégorie que nous nous sommes vu au moment où la maladie sévissait dans notre localité ; dans l'espace de trois jours, le père, la mère et nos quatre enfants en furent atteints de manière à ne pouvoir quitter le lit ; à la tête d'un gros train de culture, la plupart aussi de nos ouvriers malades et dont plusieurs moururent, et cela dans un moment de rentrer les céréales ; cette position affligeante, dans laquelle nous nous sommes vu, est celle de bien des familles, dont beaucoup sont mortes faute de secours.

Des quantités d'ouvriers qui souvent ne possèdent que le fruit de leur travail, après avoir passé la plus grande partie de la belle saison malades, arrivent à l'approche de l'hiver sans ressources ; ce n'est pas là de quoi passer aisément une saison aussi rigoureuse.

Nous avons remarqué que cette maladie est ordinairement plus intense la seconde année qu'elle apparaît sur une espèce quelconque de végétaux, qu'elle ne l'est la première ; ces conséquences nous font craindre qu'il n'en soit de même des hommes que des plantes, nous attribuons ce mouvement progressif en ce que la consommation de la houille prend successivement chaque année une plus grande extension.

De ce que la maladie apparaît avec plus d'intensité sur toutes choses au moment des chaleurs qu'en d'autres moments, c'est en raison de ce que l'air est plus faible dans cette saison qu'en d'autres temps ; et de cela, il s'en suit qu'il est plus facile à vicier.

S'il est arrivé que les hommes et les animaux ont résisté plus longtemps à cette maladie que les végétaux, c'est de ce qu'ils ne sont pas seulement nourris de l'air et des éléments atmosphériques, de même qu'il en est des végétaux.

A cela on pourrait nous dire que les plantes sont aussi nourries par le limon de la terre. A cette question nous aurions à répondre qu'en effet ; mais les pluies impropres, dont la terre est imprégnée, vicient les sucs dont la plante se nourrit.

Cela paraît assez singulier à bien des personnes de ce que la maladie est plus fréquente dans certaines contrées que dans d'autres. Ces exhalaisons morbifiques qui sont abandonnées au gré du vent ne sont pas distribuées par parties égales. Il en peut bien être de ces choses comme de la pluie qui, souvent tombe plus abondamment dans certains cantons que dans d'autres.

Au moment où cette maladie apparut sur les végétaux, elle a éveillé l'attention d'un chacun ; depuis ce moment jusqu'à présent, nous avons eu occasion de nous entretenir très-fréquemment avec différentes personnes, et nous remarquons qu'aujourd'hui comme à cette époque, elle est considérée comme un mystère. Les uns la jugent comme étant un fléau dont Dieu se sert pour punir les hommes et les ramener à lui ; ils espèrent que d'année en année, il apaisera son courroux ; d'autres attribuent la cause de cette maladie à la terre et aux plantes, et aujourd'hui la maladie du genre humain est considérée par bien des personnes comme une épidémie, une maladie cholérique comme celles qui ont déjà apparu dans ce siècle et dans ceux antérieurs ; de sorte qu'il nous paraît que tout le monde repose, dort tranquillement, dans l'attente d'un meilleur avenir. En considérant une maladie aussi meurtrière qui cause la ruine, la destruction des hommes et celles des végétaux , et qui menace de frapper

de son glaive tout ce qui respire ici-bas ; et remarquant
que les hommes ne se reposent que sur des préjugés et
des paroles vagues , et que tous les moyens tentés jusqu'aujourd'hui pour en arrêter les effets ne nous paraissent
que très-insignifiants, nous ne pouvons sans être très-affligé,
penser à de semblables conséquences.

Ouvrons les yeux, et nous verrons que cette maladie
fait de grands progrès tandis que nous dormons. Dissua-
dons-nous de tous ces préjugés et ne croyons pas Dieu,
quoique tout-puissant, capable de faire suivre pendant dix
années consécutives, sans relâche, une maladie progressive, si terrible, aussi épouvantable pour causer la ruine,
la destruction des hommes et celle des végétaux ; croyons-
le trop juste et trop bon pour se servir d'un moyen semblable pour punir son peuple.

L'atmosphère nous paraît être en quelque sorte semblable à un fleuve qui ne se trouble que lorsqu'il y est
répandu des matières impropres. C'est se méprendre que
d'attribuer ainsi à la terre ou aux plantes les conséquences
de la maladie : un vice dans la terre ou dans les plantes
ne peut être général.

L'air est un fluide qui, en quelque sorte ressemble à
l'eau. Il est expressément défendu par une loi de répandre
des choses insalubres soit dans un étang, soit dans une
rivière et autres afin de ne pas nuire à la santé des poissons
qui habitent ces eaux, et cette loi est mise strictement à
exécution ; de sorte que l'on a des soins tout particuliers
pour les êtres qui habitent l'eau, tandis que pour ceux
qui habitent l'atmosphère, il en est tout autrement.

Il est à la connaissance de tout le monde aujourd'hui,
que c'est à qui s'empressera de répandre dans l'air la plus
grande quantité possible de miasmes délétères ou exha-

laisons morbifiques produites par le grand usage que l'on fait de la houille, poison le plus subtil pour vicier l'air, et plutôt qu'il y eut une loi en exécution pour empêcher de répandre ces matières insalubres dans l'atmosphère qui, cependant est l'âme de tout ce qui respire ici-bas, il semblerait qu'il y aurait encouragement à le faire.

En agissant de la sorte, on ne pense donc pas que l'atmosphère est très-fragile et nonobstant cela, il n'en est pas moins vrai qu'il est la source de l'existence de l'homme, des animaux et celle des végétaux. Il est même le souffle de vie de tout ce qui respire.

Aujourd'hui une maladie générale pèse sur le genre humain et sur les végétaux à la suite d'un empoisonnement des substances indispensables à leur existence; selon nous, nous ne devons pas être plus étonnés de ces conséquences que nous ne le serions en voyant le poisson généralement malade à la suite d'un empoisonnement de l'eau dans laquelle il habite.

Nous avons constamment suivi la marche de la maladie depuis qu'elle a apparu, d'après les observations que nous avons faites à ce sujet, nous sommes autorisés à dire que celle qui a apparu généralement sur le genre humain pendant le cours de l'année 1854, et à qui on donne le nom de la maladie cholérique ; celle qui frappe généralement la vigne et que l'on nomme l'oïdium, celle qui frappe les pommes de terre, les céréales, les arbres des forêts et les arbres fruitiers, en un mot celle dont la généralité des végétaux est aujourd'hui frappée et même celle qui apparaît sur certaines espèces d'animaux, sont les unes et les autres, toutes, sans distinction, produites par la même cause.

Selon nous, ces maladies qui se généralisent sur toutes choses sont occasionnées par l'empoisonnement de l'air et des éléments atmosphériques ; c'est cet air vicié qui cause une maladie quelconque sur l'espèce humaine et sur chaque espèce de végétaux. C'est à la consommation extraordinaire que l'on fait aujourd'hui de la houille, que nous attribuons toute la corruption de l'air atmos-phérique.

Nul n'ignore que la houille produit une quantité de matières gazeuses, que ces exhalaisons morbifiques sont les plus capables de vicier l'air, attendu qu'elles renferment une énorme quantité d'acide carbonique ; d'ailleurs, pour peu qu'il en soit répandu dans une chambre habitée, les habitants de ce local en deviennent malades, et même en meurent.

Il est à la connaissance de tout le monde que les fabriques de gaz et les machines à vapeur, font un grand usage de ce combustible pour leur activité et que les unes et les autres ont pris depuis 1840, une grande extension.

En portant toute notre attention sur la marche constante des fabriques de gaz et sur celle des machines à vapeur, et que nous les accusons d'être l'auteur de la maladie qui frappe aujourd'hui le genre humain et les végétaux , c'est que nous avons observé que cette maladie avait apparu au moment où ces industries sont devenues très-nombreuses, et qu'elle a depuis dix années consécutives marqué annuelle-ment le même progrès dans sa marche que celui que l'on est à même de remarquer dans celle de ces industries.

En 1854, il est à la connaissance de tout le monde que les machines à vapeur ont pris un surcroît d'extension à l'occasion de la guerre survenue entre la Russie et la

Turquie, guerre à laquelle la France et l'Angleterre ont pris part comme alliées à la Turquie. Ce progrès, bien supérieur à celui des autres années par ces vapeurs, a été suivi par celui de la maladie; les hommes qui en avaient été préservés jusqu'alors, en furent également atteints, de même que les végétaux.

On ne peut pas procéder à la recherche de la cause de cette maladie, de même que cela a lieu pour celle de ces cas graves occasionnés par l'action de l'homme, il n'est pas possible de la suivre à la trace, puisqu'elle n'a pas de pieds pour en marquer l'empreinte, on ne peut l'interroger, puisqu'elle ne parle pas. Une maladie semblable ne peut et ne doit être que l'œuvre résultant des conséquences d'un agent; or, qui doit donc être cet agent, si ce n'est celui qu'elle suit constamment le même mouvement depuis qu'elle a apparu, et surtout qu'il est le plus puissant et le plus capable pour l'exciter. Il y a un vieux proverbe qui dit que l'on connaît le fruit d'un chacun par ses œuvres.

La maladie et même la mort que nous voyons aujour-d'hui généralement sur toutes choses à la suite de l'em-poisonnement de la source où tout ce qui respire ici-bas y puise les substances indispensables à l'existence, ne sont-ce pas là les œuvres que nous devons attendre du résultat de semblables conséquences.

De ce que cette maladie suit constamment l'agent qui est le plus capable de l'exciter, de cela devons-nous en être plus étonnés que nous ne le serions de tant d'autres produits qui suivent l'agent par lequel ils sont excités. A chacun appartient ses œuvres : des souliers ne sont pas l'œuvre du tailleur, ni un habit celui du cordonnier.

L'on parle qu'en analysant l'air que l'on pourrait découvrir si il est vicié; n'avoir que la connaissance d'un vice dans l'air atmosphérique, ne nous paraît pas suffisant; cette découverte ne nous semble pas la plus intéressante : c'est celle d'en connaître la cause, afin d'y porter remède.

Le moyen qui nous paraît préférable à tout autre, pour démontrer à l'évidence la cause de cette maladie sur toutes choses, est celui que nous présentons aujourd'hui.

Il est constant qu'une quantité considérable de poisons produits par le grand usage que l'on fait de la houille est répandue ordinairement dans la source de vie de tout ce qui respire sur terre, et que de ces conséquences, une maladie apparaît sur la généralité de toutes choses; de sorte que nous pensons qu'il y a tout lieu de dire que l'homme ainsi que les végétaux sont aujourd'hui dans l'atmosphère de même que le poisson lorsqu'il est dans une eau empoisonnée.

L'on pourrait nous dire qu'il y avait des fabriques de gaz et des machines à vapeur avant que cette maladie paraisse; à cette question nous pourrions répondre qu'en effet, il en existait; mais en petit nombre; il est de ces choses impropres dont on peut user en petite quantité, même le véritable poison est administré comme médicament en certaine circonstance; mais des choses aussi pernicieuses, si l'on en fait excès, il s'en suit des résultats très-funestes.

En continuant à faire usage de la houille de la même manière que l'on en fait aujourd'hui, c'est exciter une maladie générale sur tout ce qui respire ici-bas.

Pour faire cesser cette maladie sur toutes choses, il est nécessaire que la consommation de ce combustible ne soit faite que dans les proportions qui avaient lieu avant 1840;

Ainsi donc il serait bon de voir lequel est préférable des deux moyens que nous présentons.

En suivant le premier, c'est causer la ruine, la désolation de la société, la destruction des hommes et celle des végétaux; tandis qu'en suivant le second, c'est faire renaître la prospérité sur toutes choses, la joie et le bonheur de la société comme avant la maladie.

Nous avons remarqué dans les mémoires qui ont paru jusqu'à ce jour et qui traitent de la maladie des végétaux que ce sont ceux qui indiquent le moyen de mettre les plantes à l'abri de l'air et des éléments atmosphériques pour les préserver de la maladie qui sont préférables.

C'est, ce nous semble, une sorte de bouclier que l'on conseille d'appliquer aux végétaux pour les préserver des coups fatals que la maladie leur porte.

C'est là un de ces conseils que l'on pourrait donner à un soldat en face de l'ennemi. Ce seul moyen préservatif, obtenu à la suite de dix années d'expérience, démontre à l'évidence que le germe de la maladie est dans l'atmosphère et non dans la terre ni dans les végétaux.

De rester constamment sous le poids d'un ennemi aussi terrible et n'ayant que de faibles moyens pour parer ses coups ou bien n'avoir que la faible et incertaine perspective de guérir de ses blessures n'est pas chose bien rassurante et surtout en remarquant qu'il frappe une communauté d'habitants comme il frappe une plaine de végétaux. En de pareilles circonstances qui pourra donner des soins à son voisin puisque cette maladie ne laisse presque personne debout?

N'ayant que de semblables expédients, il faut donc être constamment en lutte avec cette maladie fatale.

Le moyen qui nous paraît le plus préférable, c'est d'abattre cet ennemi plutôt que de combattre continuellement contre lui.

Dix années d'épreuves ne sont-elles pas suffisantes pour faire connaître qu'un chacun s'est écarté de la bonne voie dans la recherche de la cause de la maladie des végétaux ? Elle marche journellement, d'une manière progressive, et, pensons-y bien, on ne remplace pas les hommes comme on remplace les pommes de terre, par d'autres légumes ; pendant que nous rédigeons nos mémoires, la maladie, cette invulnérable ennemie, grandit, marche et fait des pas de géants.

Le bois est un combustible qui donne un excellent chauffage, il ne présente aucun danger et au besoin il peut remplacer la houille. S'il était plus recherché, l'on ne défricherait pas les forêts comme cela a lieu depuis un certain nombre d'années, au contraire, il y aurait beaucoup de nouvelles plantations qui fertiliseraient des terrains presqu'improductifs, purifieraient l'atmosphère, nous mettraient à l'abri des vents impétueux qui dessèchent les terres ; leur feuillage donnerait une certaine fraîcheur à l'air dans les chaleurs ; elles seraient en quelque sorte un beaume pour la température. Enfin, les forêts excitent de bonnes sources d'eau, préservent la terre de grandes inondations ; elles ont par leur nature beaucoup de vertus agréables pour l'atmosphère et ses éléments ; et par le bois qu'elles nous procureraient elles remplaceraient avantageusement les mines houillières dont le produit consumé par les machines à vapeur et les fabriques de gaz ont pour résultat de détruire tous les principes bienfaisants de l'air.

Nous éprouvons aussi le désir de faire connaître un moyen qui nous paraît efficace pour annihiler une grande partie des matières gazeuses que produit la houille.

Si dans de grands établissements, par exemple les fabriques, les usines métallurgiques où l'on fait une grande consommation de ce combustible, plutôt que d'avoir jusque dans les nues de ces immenses cheminées qui vomissent ces exhalaisons impropres dans l'atmosphère, on les courbait de manière à faire tomber ces fumées dans un lieu disposé à les rebrûler, on obtiendrait par ce moyen la plus forte décomposition possible de la partie gazeuse.

Nous avons dit que la maladie qui frappe aujourd'hui le genre humain est produite par la même cause que celle qui frappe les végétaux; si l'on doutait de nos assertions et qu'il soit laissé au temps pour en juger, ce qui malheureusement, nous pensons, ne se ferait pas longtemps attendre, le mois de juin, qui est ordinairement le premier mois où la maladie reparaît chaque année, nous semble plus que suffisant pour le démontrer.

Nous avons l'espoir, Sire, qu'il n'en sera pas des hommes comme des végétaux, pour lesquels dix années d'expérience n'ont pas suffi aux hommes pour découvrir la cause de ce fléau destructeur qui nous décime comme il les détruit.

Et nous craignons qu'une nouvelle épreuve ne vienne faire sentir la nécessité de recourir aux moyens que nous proposons; quoiqu'ils nous paraissent bien efficaces, nous désirons, Sire, dans l'intérêt du genre humain tout entier que la disparition de la maladie, ce terrible fléau qui décime les habitants de notre belle France, viennent faire disparaître nos inquiétudes, rassurer les esprits, et par conséquent ne pas nous forcer à recourir aux moyens que nous nous proposons.

Si nous avions négligé de présenter à Votre Majesté le mémoire des observations que nous avons été à même de faire depuis l'apparition de la maladie qui frappe le genre humain et les végétaux, nous aurions cru manquer à un devoir des plus importants.

Et si, comme nous l'espérons, nous avons donné les vrais moyens de sauver les hommes et les plantes des griffes de ce terrible fléau, nous serons, Sire, bien heureux et mille fois récompensé par le bonheur que nous éprouvons d'avoir pu conserver à Votre Majesté des sujets qui tous les jours ne cessent et ne cesseront de bénir votre nom et les actes de votre sage gouvernement.

Ce sont là, Sire, les sentiments dont est rempli le cœur de celui qui a le bonheur de se dire,

Sire,

De Votre Majesté Impériale,

Un des plus fidèles sujets,

F. LAURENT.

Chauvency-le-Château, le 18 mai 1855.

Le présent mémoire, daté du 18 mai 1855, a été envoyé à Sa Majesté Napoléon III, Empereur des Français, le 9 juin même année.

DÉPARTEMENT

DE LA MEUSE.

———

ARRONDISSEMENT

DE MONTMÉDY.

———

CANTON

DE MONTMÉDY.

———

COMMUNE

de

Chauvency-le-Château

═══════

Mémoire sur les maladies pestilentielles qui ont lieu parmi les hommes, les animaux et les végétaux.

Moyens pour faire disparaître ces fléaux.

SECONDE ÉDITION

DE MÉMOIRES

ADRESSÉS LE 25 JANVIER 1856

A S. M. I. NAPOLÉON III, Empereur des Français,

CONCERNANT

les maladies pestilentielles qui ont lieu sur les hommes, les animaux et les végétaux.

MOYENS

pour faire disparaître ces fléaux.

A Sa Majesté Napoléon III, Empereur des Français,

LAURENT (FRANÇOIS), propriétaire, cultivateur, membre de la Société d'Agriculture de l'Arrondissement de Montmédy et ancien Maire, à Chauvency-le-Château.

SIRE,

Considérant que la maladie qui frappe les hommes et les végétaux ne sévit pas seulement en France, mais aussi dans toutes les puissances européennes, ainsi que dans d'autres parties du monde et qu'elle y cause les mêmes ravages, le mémoire que nous avons adressé à Votre Majesté, le 9 juin dernier, par lequel nous faisons connaître la cause de ce fléau destructeur, et donnons les moyens de le faire disparaître, nous avons pensé qu'il était essentiel d'en faire part à quelques souverains étrangers que cette maladie intéresse à un haut degré, et pour cet effet, nous en avons fait imprimer une centaine d'exemplaires que nous avons distribués ainsi qu'il suit :

Un à Sa Majesté la reine d'Angleterre ;

Un à Sa Majesté la reine d'Espagne ;

Un à Sa Majesté l'Empereur de Turquie ;

Un à Sa Majesté l'Empereur d'Autriche ;

Un à Sa Majesté le Roi de Sardaigne ;

Un à Notre Saint-Père le Pape ;

Un à Sa Majesté le Roi des Belges ;

Un à Sa Majesté le Roi de Prusse ;

Nous en avons adressé également à chaque représentant de la France auprès de ces Souverains ; suivent les noms ; de même qu'à d'autres personnages éminents dont les noms suivent :

Un à Sa Majesté l'Impératrice des Français ;

Un à Son Excellence Monsieur le Ministre de l'Agriculture ;

Un à Son Excellence Monsieur le Ministre de l'Intérieur ;

Un à Monsieur le Président du Sénat ;

Un à Monsieur le Président du Conseil d'Etat ;

Un à Monsieur le Président de l'Académie des Sciences ;

Un à Monsieur le Président de l'Assemblée législative ;

Un à Monsieur le Préfet de la Meuse ;

Un à Monsieur le Préfet du Bas-Rhin ;

Un à Monsieur le Maréchal Pélissier ;

Un à Monsieur l'Amiral commandant la flotte de la Baltique ;

Un à Monsieur le Général Jamin ;

Un à chacun des Représentants de la Meuse à l'Assemblée législative ;

Et le surplus a été distribué par nos soins aux premières Autorités de notre arrondissement et à des personnes distinguées de nos environs.

Si nous éprouvons le désir d'éclairer Votre Majesté de nos démarches auprès de ces Souverains et de ces personnages distingués, c'est pour qu'au besoin, elle n'en ignore.

Nous profitons de la circonstance, Sire, pour adresser à Votre Majesté quelques nouvelles observations au sujet de la maladie qui frappe les hommes, les animaux et les végétaux, pour donner le complément à notre première édition.

Nous avons été à même de remarquer depuis que la maladie apparaît, lorsqu'il est arrivé par intervalle des années où elle diminue d'intensité sur une espèce de plantes ou sur l'autre, on est porté à croire qu'elle touche à sa fin; c'est se méprendre que de juger ainsi la maladie. Jettons un coup d'œil sur sa marche constante, et nous pourrons voir qu'au lieu de finir, elle suit constamment la voie du progrès. Dix années d'existence ont suffi pour qu'elle frappe généralement les hommes et les végétaux de toutes espèces, et la onzième année, elle a paru sur les animaux et elle s'est généralisée dès son début, de même que sur les hommes et sur les végétaux.

Nous désirons faire connaître pourquoi la maladie met de la lenteur dans sa marche pour atteindre la généralité des végétaux et des êtres animés d'espèces différentes, et qu'elle paraît avec plus ou moins d'intensité une année que d'autres.

Nous considérons l'atmosphère semblable à un océan dont la partie d'air est plus considérable que celle d'eau, et la terre avec l'air atmosphérique, selon nous ne forme en commun, qu'un seul et même corps dont la terre en est la partie charnelle à laquelle le soleil donne la lumière et la chaleur nécessaire pour en exciter la végétation.

L'air est l'âme de la terre, de même qu'il est le souffle de vie de l'homme.

Et ce sont les vapeurs ou exhalaisons seules capables de transpirer dans l'amosphère, de même que c'est la parole qui transpire dans les populations et en excite le mouvement.

Personne n'ignore que la terre renferme dans son sein tous les éléments nécessaires à l'existence, et que chaque espèce différente de végétaux y puise, en particulier, les sucs nutritifs qui lui conviennent, ainsi que les hommes et les animaux ; ce corps commun que nous présentons entre la terre et l'atmosphère, représente une sorte d'infusion dont la terre serait la matière et l'air aérien, le fluide ; de cette immersion constante, il en résulte, que l'un comme l'autre a des éléments distincts, propres à l'existence de tout ce qui se meut sur terre, et particulier à chaque espèce différente ; de ce que les unes n'ont été vues malades qu'après d'autres, c'est en raison, selon nous, que ce qui est la base fondamentale de l'existence de l'un a résisté plus à la corruption que celle d'autre ; de même il en est aujourd'hui des êtres animés comme des végétaux, cette maladie a paru sur les hommes en 1854 et ce n'est qu'en 1855 que la race bovine en fut frappée.

S'il en était autrement, que l'air et les éléments nutritifs aériens ne soient qu'un, et qu'ils ne diffèrent selon l'espèce, lorsqu'il arriverait qu'ils seraient atteints de vicissitude, tout ce qui respire en ressentirait les mêmes effets.

L'atmosphère démontre aussi le plus grand empressement possible pour activer la vie. Nous remarquons qu'aussitôt que quelque chose ne présente plus le mouvement d'animation, elle en fait la décomposition, afin de la rendre utile à l'existence, même le fer qui est un corps des plus durs.

Cette source vitale, où tout ce qui respire puise les éléments nécessaires et indispensables à l'existence, a grandement besoin d'être alimentée; le génie qui a constamment une tendance à conduire toutes choses à une fin la plus proche possible, serait-il à lui que ces matières corruptrices dérangeraient la marche ordinaire, ou bien serait-il à celui qui est l'âme et le souffle de vie de toutes choses.

La différence qui existe entre ces deux grands principes différents, c'est que l'un penche constamment du côté de la corruption, tandis que l'autre ne présente que le désir d'activer la vie; ou bien arriverait-il que ces miasmes morbifiques produiraient leurs effets malfaisants sur l'un et sur l'autre?

Nous avons souvent lieu de remarquer que les hommes qui sont enclins au mal, qu'il ne les faut pas autant exciter pour le commettre que ceux qui ne présentent que de bonnes dispositions.

Ainsi donc suivant qu'il y a tout lieu de le remarquer c'est l'atmosphère qui est chargée d'alimenter tout ce qui se meut; cette mission, aussi délicate qu'importante à remplir, mérite toute l'attention d'un chacun; nous qui avons parfaite connaissance que le poison est le germe de corruption, et nonobstant cela nous n'hésitons pas de lui répandre la plus grande quantité possible d'exhalaisons miasmatiques, seule sorte de poison capable d'y causer le trouble, et une maladie générale apparaît à la suite, nous nous demandons encore d'où vient la cause de ce mal. N'allons pas si loin la chercher: disons que ce n'est que la conséquence de nos actions.

En répandant quantité considérable d'exhalaisons insalubres dans l'air atmosphérique, pourquoi n'en résulte-
rait-il pas , à cette effet, un trouble général semblable à
celui qui pourrait avoir lieu dans un fleuve à la suite
d'un empoisonnement.

L'atmosphère est un fluide dans lequel les hommes, les
animaux et les végétaux y croissent et y multiplient, de
même que le poisson dans le lieu qu'il habite.

Nous disons que la parole est un élément qui émane de
l'homme et qui transpire dans toutes les classes de la
société et qui en excite le mouvement: de même que ce
sont les éléments qui émanent de la terre, qui s'exhalent
et transpirent dans l'atmosphère et en excitent également
le mouvement.

L'esprit de l'homme est aussi avide des émanations
humaines , de même que l'atmosphère l'est de celles que
donne la terre ; ces éléments, qui transpirent dans l'un
de même que dans l'autre, il y a diversité en ce que ,
il y en a qui sont plus ou moins bons que d'autres ; lorsqu'il arrive que le méchant génie l'emporte sur le bon et
qu'il déborde dans les populations, à la suite de semblables conséquences, souvent il en résulte un trouble
général, plus ou moins grand, selon la gravité des matières.

Le tableau que présentent les populations de suivre le
mouvement des émanations humaines, bonnes ou mau-
vaises, ce laisser aller nous paraît aussi applicable à l'atmosphère de même qu'à l'homme ; nous remarquons ordinairement que l'un aussi bien que l'autre, ont des
moments d'agitation, plus ou moins, selon les circonstances : d'où vient donc tout le mouvement atmosphérique, si ce n'est des émanations de la terre qui y trans-

pire, de même que parmi les populations, lorsque le mauvais génie l'emporte sur le bon, il est inévitable qu'il n'en résulte également, à la suite, un trouble et un désordre dans le mouvement atmosphérique.

Le législateur s'est étendu plus loin, concernant la salubrité qui intéresse les êtres qui habitent l'eau, qu'il ne l'a fait pour ceux qui sont dans l'atmosphère; c'est sur les villes et sur les villages qu'il a principalement porté son attention, il n'a pas eu la pensée, sans doute, qu'un moment viendrait où l'insalubrité prendrait une extension de manière à corrompre généralement l'air et les éléments atmosphériques. C'est là une de ces conséquences que l'on ne pouvait prévoir à cette époque, il a cependant bien senti que l'air était susceptible de corruption en s'intéressant de la salubrité dans les localités.

Les lois sont ordinairement fondées sur l'expérience, mais le sujet que nous traitons est exceptionnel, selon nous, on ne le peut expérimenter autrement que nous le faisons: nous disons que la maladie qui frappe aujourd'hui toutes choses, a paru au moment où les fabriques de gaz et les machines à vapeur ont pris de l'extension, et que depuis cette époque, l'une et les autres ont suivi la même voie de progrès; que parmi ces deux compagons de voyage, l'un répand constamment le véritable poison dans l'âme de tout ce qu'on voit malade, et la seule sorte qui puisse y transpirer pour le corrompre; la maladie et même la mort qui ne sont ordinairement que le résultat de pareilles conséquences, comment en serait-il autrement qu'ils ne suivent en commun un mouvement simultané.

Il nous arrive quelquefois d'entendre des personnes qui disent qu'il y a par moments des corps célestes qui se meuvent, ou bien différents mouvements dans la température et que l'on pourrait aussi attribuer la cause de la maladie à ces mouvements inaccoutumés.

Ces changements qui peuvent avoir lieu de part et d'autre ne sont que momentanés et ne se généralisent pas, nous ne pouvons croire à de semblables conséquences pour causer une maladie comme celle d'aujourd'hui.

D'après nos observations, nous nous croyons suffisamment fondé pour être autorisé à dire que les personnes qui s'écarteront de la voie que nous suivons pour chercher ailleurs la cause de cette maladie pestilentielle et les moyens pour la faire disparaître ne seront pas en pouvoir, en aucun temps d'en démontrer la plus petite étincelle de lueur.

Ce ne sont pas des moyens pour guérir de ses blessures ou bien pour nous mettre à l'abri des coups qu'elle porte que nous devons désirer.

S'il arrivait que la susceptibilité de quelqu'un soit blessée du défi que nous portons, qu'il se place sur le terrain avec nous pour se venger, et le monde entier profitera de ce duel.

S'il arrive, par intervalle, des années que les pommes de terre ne sont pas frappées de cette maladie avec autant d'intensité que d'autres, c'est par la raison que ce tubercule est couvert, et qu'il faut que la pluie tombe avec assez d'abondance pour en imprégner la terre à l'époque où il arrive à un certain degré de croissance, où la maladie les frappe annuellement; et si les pluies ne sont pas fréquentes à ce moment, il en est plus préservé cette année que d'autre : mais de la plante, il n'en est pas de même que du tubercule, un brouillard, une rosée suffit ; aussi, chaque année, nous remarquons qu'à la même époque,

elle en est frappée, et de cette mort prématurée, le tubercule en souffre beaucoup, et même il ne croît plus quelques jours après que la maladie a paru sur les feuilles.

Aujourd'hui l'on ne cultive plus que les pommes de
terre qui paraissent le plus résister à la maladie, et
même une partie de celles qui en furent frappées les
premières en sont anéanties.

Lorsque cette maladie sur toutes choses a une fois atteint
une plante ou l'autre, d'espèces différentes, elle ne s'en
désiste pas, elle frappe ce végétal avec plus ou moins
d'intensité suivant que la température en favorise le développement; elle semble également suivre cette même
marche sur les êtres animés qu'elle le fait sur les végétaux, et ordinairement elle reparaît à la même époque
de l'année, et cela au moment où les chaleurs se présentent, et faiblie à mesure que l'hiver est proche.

Une maladie semblable qui frappe à la fois les hommes,
les animaux et les végétaux à la même époque de l'année; à
la vue de semblables conséqences, et de bien d'autres
faits analogues, il n'y a pas lieu de dire que c'est là une
épidémie, une maladie cholérique de même que celles qui
ont paru antérieurement; on pourrait plutôt la surnommer
maladie de saison puisqu'elle a son temps de l'année arrêté
pour paraître et disparaître.

Nous rencontrons souvent des personnes qui nous exhor-
tent à la patience, disant que cette maladie sur toutes
choses, n'aura qu'un temps, et que nous en serons bientôt
débarrassés; et d'autres disent que ce sont les fautes trop
nombreuses que nous avons commises qui sont cause que
Dieu fait peser aussi longtemps ce fléau sur nous. Dieu
que nous considérons comme étant infiniment juste et infi-
ment bon par dessus tout, ce n'est-il pas là, porter une

atteinte grave à cette Divinité, par celui qui ajouterait foi à de semblables allégations. Comment dire ensuite que Dieu est la bonté et la justice par dessus toutes choses. Non seulement les hommes bons sont aussi bien frappés de cette maladie que les méchants, mais aussi les plus petits oiseaux. Quel mal ont-ils faits, donc, ces pauvres petites innocentes bêtes pour subir les conséquences d'un châtiment aussi terrible ?

Onze années d'épreuves ne sont- elles pas bien suffisantes pour mettre à bout notre patience ; pouvons-nous nous reposer davantage sur de semblables doctrines: qu'avons-nous gagné d'attendre, et que gagnerons-nous encore d'attendre plus longtemps? Au lieu de voir un diminutif dans la marche de la maladie, au contraire, elle suit constamment la voie du progrès.

Nous n'avons jamais eu cette pensée, que la cause de la maladie sur toutes choses, devait être en haut des cieux ; c'est dans notre propre mouvement que nous avons cru devoir la chercher ; aussi c'est là que nous l'avons découverte, suivant que nous la démontrons ; et nous la présentons sous une phase que tout le monde est à même de voir, et surtout d'en apprécier les conséquences.

Que nos lecteurs ne trouvent pas mal de ce que nous repoussons tous moyens qui nous paraissent peu sensés et que présentent certaines personnes pour guérir la maladie ou bien pour en faire connaître la cause ; de notre côté, nons ne demandons pas mieux que d'avoir des objections, au contraire, nous les recherchons ; la discussion fait souvent jaillir la lumière, de même qu'il en est de deux corps durs qui se rencontrent, nous sommes constamment disposé à recevoir avec plaisir toutes les observations qu'on croira devoir nous adresser à ce sujet.

Cette maladie, connue de tout le monde, depuis onze années, a, pendant tout ce laps de temps, causé bien des ravages. Que proposons-nous pour mettre fin à tant de malheurs et de misères ? D'employer un moyen pour faire usage de la houille , comme combustible, dans les grands établissements d'une manière à répandre le moins possible de matières gazeuzes dans l'air atmosphérique.

Nous avons remarqué dans un journal venant de Paris, *l'Echo du Commerce*, à la date du 4 novembre dernier, que deux jeunes chimistes mécaniciens, MM. Ghilliano et Christin, proposent par leur moyen de faire une économie de 90 pour cent, et de réduire le volume des appareils de 40 pour cent, en employant la vapeur d'acide carbonique liquéfiée comme force motrice, de sorte que la quantité d'acide perdue dans l'atmosphère ne serait environ que d'un litre par mois pour une machine de 65 chevaux, marchant douze heures par jour.

Au moment où MM. Ghilliano et Christin s'occupaient de la construction de leur machine, spécimen qui sera expérimenté d'ici à un mois et demi au plus, leur brevet pour l'Angleterre leur était acheté par des ingénieurs anglais, qui, de leur côté, font construire sur la Tamise un bàteau spécimen pour appliquer ce système à la navigation.

A la vue d'un moyen qui présente la plus grande économie désirable dans les matières premières ainsi que dans les appareils de ces grands mouvements industriels et commerciaux, et par la perspective de faire disparaître une maladie qui présente un avenir des plus menaçants, et qui intéresse toutes les classes de la société, qui donc hésiterait de faire quelques sacrifices pécuniaires pour opérer le changement qu'exigerait le nouveau système que présentent MM. Ghilliano et Christin.

Ces grands foyers industriels et commerciaux, qui ne sont activés que par les produits de la terre, verraient une grande compensation des frais que l'opération de ce changement aurait occasionnés, en raison de la prospérité qui succèderait à la maladie.

Nous savons très-bien que ces grands mouvements commerciaux peuvent bien rester insensibles à nos sollicitations, en raison qu'ils ont de bons moyens de transports et qu'ils peuvent facilement aller dans les pays où ils sont plus épargnés de la maladie qu'en d'autres lieux, et que leurs intérêts sont aussi bien servis en important qu'en exportant, et n'ont pas à souffrir des conséquences funestes de cette maladie, de même que les propriétaires et cultivateurs et tant d'autres classes différentes, pourraient même penser ou dire : que nous importe que cette maladie vous maltraite, nos profits n'en souffrent pas.

Cependant d'aller toujours au loin, à l'étranger, chercher les provisions de toutes natures différentes qui manquent à notre pays pour cause de maladie ; entretenir cette maladie, non-seulement il s'ensuit qu'une partie de notre or et de notre argent sort de France, mais aussi de combien de victimes n'est-elle pas l'auteur ; et cependant ce sont là des torts irréparables ; selon nous, il est temps de prendre cette maladie au sérieux et d'y mettre fin le plus promptement possible. Si nous nous plaignons de ce que l'on trouble notre breuvage et que de cela nous en souffrons, ce n'est pas comme le faisait le loup de la fable, c'est avec raison, et non par prétexte pour nuire ; au contraire, tous nos efforts ne tentent qu'à donner le complément à cette grande œuvre de progrès industriels et commerciaux, qui ne seront couronnés de succès désirables, qu'autant que les améliorations que nous présentons seront réalisées.

Servons nos intérêts, rien de mieux, mais veillons aussi à ce que nos actions ne soient préjudiciables que le moins possible; c'est là une de ces voies sages qu'il est à désirer que nous suivions tous pour le bien-être de la société.

Cette maladie pestilentielle que nous nous efforçons de combattre, Sire, présente le tableau le plus affligeant qui ait jamais paru en aucun temps.

Cet ennemi, le plus terrible, qui partout répand la terreur et l'alarme, tant que Dieu nous prêtera vie, nous ferons tout ce qui dépendra de nous pour le repousser.

Et c'est dans votre puissance souveraine, Sire, qui n'aspire qu'à procurer le bien-être général des Français, ainsi de même qu'à celui des peuples de nations différentes, que nous mettons toute notre espérance pour couronner nos efforts de succès.

Qu'il plaise à Votre Majesté d'agréer l'assurance de la considération très-distinguée de celui qui a l'honneur de se dire,

Sire,

De Votre Majesté Impériale,

Un des plus fidèles serviteurs.

F. LAURENT.

Chauvency-le-Château, le 28 décembre 1855.

DÉPARTEMENT
DE LA MEUSE.

ARRONDISSEMENT
DE MONTMÉDY.

CANTON
DE MONTMÉDY.

COMMUNE
de
Chauvenëy-le-Château

Mémoire sur les maladies pestilentielles qui ont lieu parmi les hommes, les animaux et les végétaux.
Moyens pour faire disparaître ces fléaux.

TROISIÈME ÉDITION

DE MÉMOIRES

ADRESSÉS LE 10 JUIN 1857

A S. M. I. NAPOLÉON III, Empereur des Français,

CONCERNANT

les maladies pestilentielles qui ont lieu sur les hommes, les animaux et les végétaux.

MOYENS

pour faire disparaître ces fléaux.

A Sa Majesté Napoléon III, Empereur des Français,

LAURENT (FRANÇOIS), propriétaire, cultivateur, membre de la Société d'Agriculture de l'Arrondissement de Montmédy et ancien Maire, à Chauvency-le-Château.

SIRE,

Nous éprouvons le désir d'obéir au vœu que nous avons manifesté de combattre le fléau destructeur qui depuis bon nombre d'années pèse sur la société; à cet effet nous pensons devoir nous adresser à Votre Majesté afin de lui exposer les nouvelles observations que nous avons pu faire à ce sujet.

Le 29 février 1856, nous recevons communication que le comité consultatif d'hygiène publique, auquel notre travail fut soumis avait émis l'avis qu'il ne présentait aucun intérêt sérieux et n'était susceptible d'aucune suite administrative.

Cette réponse, quoique peu favorable, ne nous a pas paru bien sensible, parce que, nous nous sommes dit que bien des grandes découvertes méconnues pendant un temps ont été appréciées par la suite.

A ce moment même où notre travail est désapprouvé, nous apprenons que des hommes savants admettent nos idées; c'est premièrement ce que nous avons pu remarquer dans *le Moniteur universel*, journal officiel de l'Empire Français du 23 mars 1856, qui rapporte l'extrait d'un ouvrage de M. Sussdorf et dont nous donnons copie ci-après.

Nous extrayons de l'*Allgemeine deutsche, naturhistorische zeitung*, nouv. série, 1, 1855, 3e liv. par M. Julius Sussdorf, la notice suivante sur l'influence de certains établissements industriels sur l'atmosphère et sur les plantes.

« Les opérations industrielles qui s'exécutent dans beaucoup d'usines ont pour résultat de verser dans l'atmosphère une grande quantité de matières gazeuses différentes. Ces matières s'y accumulent en proportions souvent assez considérables pour exercer une influence très-marquée tant sur les animaux que sur les végétaux, seulement leur action est amoindrie dans certains cas, parce que l'oxigène de l'air agissant sur les gaz, sous l'influence de la lumière et de l'humidité, oxide et rend inoffensifs ceux qui résultent de la décomposition des matières organisées, ou parce que l'humidité, en se condensant, les entraîne et les précipite. Ceux d'entre les établissements industriels qui versent dans l'air la plus grande quantité de matières gazeuses, sont : les hauts fourneaux, les fours à coke, les usines métallurgiques, particulièrement celles où l'on traite des minerais arsenicaux, les fabriques de soude, etc., dont le voisinage est reconnu depuis longtemps comme funeste aux animaux et aux plantes.

» Les matières nuisibles à la végétation qu'entraîne la fumée des usines sont mises en rapport avec les plantes, 1º par l'intermédiaire de l'eau qui les dissout et qui s'infiltrant dans le sol, les apporte jusqu'aux racines; 2º par l'effet de leur dépôt sur la surface des organes. Mais les plantes se montrent plus ou moins sensibles à leur action et plus ou moins disposées à les absorber, selon les circonstances météorologiques, selon l'âge et l'espèce. La fumée n'a qu'une action très-faible lorsqu'elle se répand dans l'air par un temps sec et calme ou par des vents secs. Dans le premier cas, elle s'élève haut dans l'atmosphère et se précipite lentement; dans le second, elle est emportée à de grandes distances et se dissémine dès-lors sur une grande surface de pays. Alors la surface des plantes étant elle-même très-sèche, n'en subit l'action que faiblement. Si la fumée est précipitée par un temps de pluie, ou si la pluie survient après qu'elle s'est précipitée, la surface des plantes est lavée, ou bien les matières qu'elle dépose sont entraînées par la pluie dans le sol où elles agissent faiblement. Mais quand la fumée se précipite sur des plantes mouillées par la rosée, le brouillard, ou par une pluie qui vient de cesser, leur humidité superficielle, dissout les acides qu'elle contient. Si le temps devient ensuite sec et chaud, l'eau disparaît par évaporation, l'acide sulfureux s'oxide en acide sulfurique dont l'absoption produit sur les plantes une action très-nuisible. En peu de temps on voit alors fréquemment le vert passer au brun jaunâtre ou des taches nettement circonscrites amener la dessication et la destruction des tissus par places.

» Les organes jeunes, les plantes en voie d'accroissement

rapide, les bourgeons ouverts depuis peu de temps, les fleurs sont surtout sensibles à l'influence de la fumée.

» Plus une plante végète avec vigueur, plus ses tissus sont délicats et faciles à pénétrer, tandis que réciproquement les moins sensibles sont celles dont la surface est consistante, surtout celles dont les couches superficielles sont imprégnées de silice ou formées de parois épaisses.

» Ainsi le seigle d'hiver est moins sensible que celui de printemps; ainsi encore les graminées souffrent moins de cette influence que la plupart des autres plantes. L'espèce modifie aussi la sensibilité. Celles dont l'accroissement est rapide, dont les tissus sont mous et aqueux souffrent beaucoup plus et plus promptement que les autres, aussi ne peut-on cultiver près des usines, des pois, des haricots, des lentilles, etc., du trèfle, des betteraves. M. Sussdorf a vu dans un jardin situé près d'une usine les jeunes feuilles, les bourgeons, les fleurs des dahlias et des rosiers détruits en vingt-quatre heures par la fumée, tandis que les œillets ne paraissaient pas en souffrir. En général les plantes dont les organes jeunes sont tués sous cette influence en repoussent bientôt de nouveaux qui ont le même sort, et il en résulte, d'un côté, qu'elles s'épuisent ainsi; de l'autre, qu'elles ne peuvent fructifier. Quoique les graminées soient médiocrement sensibles à la fumée, elles en souffrent, néanmoins, lorsque son action s'exerce sur elles à l'époque de la floraison ou à peu près, alors leur épi se racornit, et il ne donne ensuite que très-peu de grains tout retraits. Les conifères résistent plus long-temps que les arbres feuillus; mais ils finissent aussi par succomber. L'auteur a reconnu que les matières solubles de la fumée arrivent fréquemment aux racines. L'analyse chimique lui a montré dans la terre, près des usines, des

acides solubles libres et des sels métalliques également
solubles, seulement ces matières n'arrivant aux racines
qu'à l'état de solutions très-étendues, les plantes en souffrent, en général moins que de celles qui ont pénétré dans
les tissus par l'effet d'une absorption directe opérée par
les organes aériens. M. Sussdorf a constaté dans les fourrages qui avaient subi l'action de la fumée, la présence de
l'acide sulfurique libre et de sels métalliques. Il a vu leur
verdure remplacée par une teinte jaunâtre due à un véritable blanchiment par l'acide sulfureux, ou bien des places
brunâtres éparses sur leurs feuilles, et indiquant une action
locale énergique. Ces fourrages avaient une saveur peu
agréable, piquante, et un arrière goût métallique. Il n'est
donc nullement surprenant qu'ils incommodent les bestiaux
qui en sont nourris. »

En second lieu, nous voyons paraître dans *l'Indépen-
dance Belge*, journal étranger du 21 avril 1856, l'extrait d'un rapport de M. Payen, dont nous donnons également copie.

                  « Paris, 20 avril.

» Aujourd'hui, à deux heures, a eu lieu la séance générale annuelle de la société impériale et centrale de l'Agriculture, sous la présidence de M. Chevreul. Cette séance
avait attiré beaucoup de monde, des agriculteurs de tous
les points de la France, plusieurs agriculteurs anglais et
allemands, des savants, des industriels, des hommes de
lettres. On savait que plusieurs questions intéressantes y
seraient traitées et que le rapport de M. Payen, secré-
taire perpétuel de la société, devait contenir des faits
importants. M. Chevreul a ouvert la séance par un petit
discours dans lequel, après avoir exprimé les regrets du
Ministre de l'agriculture que des occupations urgentes

ont empêché de présider, il a fait ressortir brièvement la différence considérable qu'il y a entre la situation de l'Agriculture en 1856 et ce qu'elle était il y a un an, alors que la guerre, dont on ne prévoyait pas la fin, faisait encore redouter la disette.

» M. Payen a ensuite lu le compte rendu des travaux de la sociéte depuis l'année dernière.

» Ce compte rendu est rempli de faits importants. Relativement à la maladie des pommes de terre et à l'oïdium de la vigne, il résulte des études et des recherches faites par les membres de la société que ces deux fléaux ne sont en aucune façon le signe d'une dégénérescence de la pomme de terre et de la vigne, mais qu'ils se sont développés sous l'influence de circonstances climatériques dont la cessation amène celle du mal. »

Nous désirons examiner, si parmi les moyens en dehors de nos idées concernant les maladies et présentés par différentes personnes, il y en aurait dans le nombre qui donneraient motif à repousser notre travail.

Nous remarquons que quantité de personnes sont pour l'ordinaire portées à dire que l'histoire rapporte que des maladies semblables à celles que l'on voit généralement depuis bien des années parmi les hommes, les animaux et les végétaux ont déjà paru antérieurement, et leur seul espoir est qu'elles ne cesseront qu'avec le temps, et d'autres disent qu'il n'y a que Dieu seul qui puisse les exciter et qu'il est le seul qui ait le pouvoir de les faire cesser.

D'autres prétendent que la terre est lasse de produire et que c'est là la cause de la maladie des végétaux, et plusieurs l'attribuent à la dégénérescence de la plante et indiquent les médicaments à employer à cet effet.

Il y en a aussi qui disent que l'atmosphère est très
vaste, et qu'en raison de son immensité, il est impossible à chose quelconque d'y causer le trouble.

Voilà en quelques mots quels sont les seuls éléments
dont se sont servies jusqu'à présent les personnes qui ont
traité les maladies ; pour ajouter foi à de semblables expédients pour repousser notre travail, il ne faudrait pas
avoir consulté l'expérience, et durant les douze années de
maladies qui viennent de s'écouler, nous avons été à
même de remaquer que tout un chacun s'est bercé avec
de semblables moyens qui ne nous paraissent que choses
illusoires et quoiqu'il soit bien démontré par l'expérience
qu'aucun n'inspire la moindre confiance, nonobstant cela,
il n'en est pas moins vrai qu'on ne se départ pas de ces
idées chimériques.

Comment peut-on rester dans cette persuasion constante de croire que des maladies continuelles et sans fin
qui frappent à la fois annuellement les hommes, les animaux et les végétaux, et cela généralement, n'ont rien
d'extraordinaire? Il nous semble que douze années d'é-
preuves devraient bien suffire pour démontrer à ceux
qui ont cette prétention qu'elle est mal fondée.

Attribuer les conséquences de maladies aussi cruelles à
Dieu parce qu'il est puissant, nous paraît plutôt absurde
que sensé ; s'il en était ainsi, ce serait à rebours, le sym-
bole du bien deviendrait celui du mal. Cependant c'est là
ce que bien des personnes présentent comme opposition
à nos idées que ces maladies qui se voient annuellement
sur toutes choses ne sont que le résultat du bon génie
pour mettre à l'abri le méchant que nous présentons
comme auteur de ces torts graves. Par exemple, lorsqu'il
arrive parmi la société que des crimes ou délits se com-

mettent que quelqu'un en fasse retomber les conséquences sur les personnes les plus sages plutôt que sur les mal-famées, que penserait-on d'une accusation semblable, dirait-on que c'est là raisonner en homme sensé?

Depuis l'origine de ces maladies épidémiques jusque 1854, annuellement il s'est présenté quantité de mémoires différents, ralatifs à ces maladies, mais pendant le cours de ces deux dernières années nous n'en avons vu paraître aucun. D'où vient donc ce moment de relâche, cependant ce n'est pas que ces maladies paraissent cesser, puisque chaque année successive, elles prennent une nouvelle extension; c'est donc que tous les hommes zélés qui avaient pris à tâche de combattre cet ennémi puissant, ont mis bas les armes devant sa résistance; et maintenant il arrive qu'il n'y a plus que le terrain sur lequel nous nous sommes placé où il se présente des combattants ; ce serait-il parce que tout un chacun prend la fuite que l'on désirerait que nous suivissions cet exemple.

Nous sommes aussi opiniâtre que le puisse être cet ennemi, nous avons promis de le combattre tant qu'il resterait debout, pour ce, nous emploierons tous les moyens qui sont en notre pouvoir pour le renverser.

En voyant cet ennemi aussi cruel que puissant faire courber tout le monde sous son poids, il nous semble que l'on devrait encourager les hommes qui se présen-tent pour le combattre plutôt que d'user de moyens pour ralentir leur marche.

On ne peut contester la gravité du mal occasionné par ces maladies et pour en avoir une idée, que l'on considère le midi de la France, pays jadis si florissant par ses riches produits en vins, olives, vers à soie, etc. Combien ces grandes richesses n'ont-elles pas à souffrir maintenant de ces maladies.

Ce pays n'est pas le seul qui en souffre, l'autre partie de la France n'en est pas plus épargnée ; il en est de même de bien des puissances étrangères ; pour en avoir un exemple que l'on considère l'Espagne et le Portugal ; et pour qu'on ne puisse en douter, nous donnons l'extrait du discours que Sa Majesté Don Pedro V, adresse le 3 janvier 1857 à l'Assemblée de MM. les Pairs et Députés de la nation portugaise ; il s'exprime en ces termes :

« La Providence a voulu que cette année notre territoire fut envahie par le choléra-morbus. Une grande partie des districts du royaume en ont plus ou moins ressenti les déplorables effets, particulièrement celui de Funchal, où en peu de temps, il a fait des milliers de victimes. Mon gouvernement a fait tous ses efforts pour porter des secours par tout où le mal s'est fait sentir et je suis heureux de dire qu'à cette occasion j'ai trouvé dans toutes les classes de la société un grand zèle pour le service public et une charité chrétienne que le peuple portugais ne manque jamais d'exercer. La bienfaisance des étrangers n'a pas été insensible aux malheurs de mes sujets. Je me plais à donner ici un témoignage solennel de l'estime que je fais des importants services que la générosité du peuple anglais a rendus aux habitants de l'île de Madère.

» Le manque répété de récoltes, commun à toute l'Europe, a influé et continue d'influer sur le sort des classes les moins aisées. Reconnaissant l'efficacité d'un système libéral pour nos relations commerciales, mon gouvernement a pris différentes mesures tendantes à approvisionner nos marchés des objets de première nécessité.

» L'archipel du Cap-Vert a éprouvé de grands malheurs par suite de manque de recoltes et des épidémies qui ont affligé ses habitants. Les subsides votés pour cette province dans la dernière session législative, les dispositions prises par le gouvernement et les autorités locales comme les souscriptions dues à la libéralité des nationaux et des étrangers ont concouru à rendre moins vives les souffrances de ces malheureux. Les gouvernements de la Grande-Bretagne et des Etats-Unis ont puissamment secouru ces îles, je me plais à en témoigner, devant vous, ma reconnaissance, ainsi qu'aux nombreux souscripteurs portugais et étrangers dont la bienfaisance s'est exercée en faveur du peuple de cette province. »

Quoique se soit un bienfait de plaindre le sort des malheureux et de les soulager, mais en présence d'un mal qui reparaît si fréquemment, il nous semble qu'il est préférable de l'arrêter que d'avoir si souvent occasion à le déplorer.

Nous remarquons que bien des personnes ne considèrent que le mal le plus apparent, cependant il en existe un qui, quoiqu'il ne paraisse pas autant, n'en est pas pour cela moins préjudiciable. Dans toutes les terres de différentes natures que ce soit de nos environs comme dans bien d'autres finages, on y voyait annuellement d'abondantes récoltes de pommes de terre de toutes espèces différentes, et maintenant sur la plupart de ces mêmes terres, on a renoncé à la culture de ce tubercule parce qu'elles n'en produisent presque plus, et quoique celles où en cultive à présent soient des terres choisies comme des plus propres, elles n'en produisent pour cela qu'un quart ou bien un tiers de récolte ordinaire de celles qui se voyaient avant la maladie, et d'une qualité bien inférieure.

Il en est de toutes les plantes différentes comme des pommes de terre; les hauts prix qui se voient chaque année qui se succède sur toutes les substances alimentaires démontrent à l'évidence qu'il existe un mal continuel qui cause une grande dépréciation parmi la généralité des végétaux.

Depuis plusieurs années, nous remarquons que les hommes paraissent souffrir de même que les végétaux ; ils n'ont pas seulement à supporter annuellement les conséquences des symptômes ou bien les maladies cholériques mêmes, mais la petite vérole sévit chaque année dans bien des localités de nos environs depuis 1854, et y fait bien des victimes ; elle frappe sans distinction les personnes de tout âge ; la fièvre typhoïde se voit aussi très fréquemment depuis bien des années.

Maintenant, les saisons sont bien changées ; le soleil paraît avoir perdu beaucoup de ses rayons de chaleur bienfaisante ; avant l'arrivée de ces maladies, les printemps et les étés étaient ordinairement très-agréables. A présent, il n'en est plus de même ; pendant le cours de ces belles saisons. il ne paraît pour l'ordinaire que des pluies torrentielles, des tempêtes, des tremblements de terre épouvantables dans bien des parties du monde, des maladies très fréquentes, tandis qu'avant 1845, le soleil était très agréable, les pluies bienfaisantes, les récoltes en tous genres se voyaient généralement abondantes. Si parfois il arrivait une année, soit-il par l'effet de grandes chaleurs ou bien par des temps trop humides que certaines récoltes ne soient pas vues aussi abondantes une année que d'autres, ce mal n'était que de courte durée, l'année suivante il en était tout autrement, l'abondance renaissait, tandis qu'actuellement le mal reparaît généralement sur toutes choses de différentes natures ; chaque année qui se succéde, les hommes qui, pendant la durée de ces belles saisons, n'étaient vus malades que par accident, il arrivait rarement que dans nos campagnes il en soit autrement à cette époque, et maintenant, c'est en quelque sorte à ce moment qu'ils sont vus ordinairement le plus souvent malades.

Depuis bien des années, des tremblements de terre ont lieu très-fréquemment, et cela dans une très-grande étendue, et même il arrive qu'une nation entière en ressente généralement les effets. Cependant, avant que ces maladies paraissent, on en voyait rarement de ces mouvements. D'où vient donc que ces commotions souterraines ont pris de pareilles extensions? Par quels éléments peuvent-elles être excitées, si ce n'est par des matières fulminantes semblables à celles que produit la houille.

Pénétrons-nous bien que la terre est imprégnée d'air, de même qu'elle le puisse être d'eau lorsqu'elle en est submergée, et que l'air est le premier moteur de tout mouvement qui puisse avoir lieu; d'après ces considérations, nous sommes excité à porter notre attention sur ces miasmes délétères répandus abondamment dans l'air comme pouvant bien entrer pour une forte part pour exciter ces mouvements inaccoutumés.

Après nous avoir entretenu de la cause des maladies, nous désirons aussi examiner les moyens que nous indiquons pour les faire disparaître.

Bien des personnes à qui nous communiquons notre travail manifestent qu'elles doutent fort de son succès, parce que disent-elles, il porte atteinte aux intérêts de bien des grands capitalistes. En supposant qu'elles disent vrai, sont-ils nombreux ces intéressés, y en a-t-il la cinquantième partie du monde? Serait-il juste qu'une majorité aussi considérable ait à souffrir si cruellement pour ne pas déranger le cours des affaires d'une si faible minorité.

Il n'en est pas ainsi, au contraire, d'après l'expérience

on peut mettre en usage les moyens que nous indiquons avec le plus grand avantage possible, ces quantités considérables de matières gazeuses que l'on répand constamment dans l'air et qui y causent le trouble depuis bien des années, on peut les assainir sans frais ni dérangement aucun, même, il y aurait une grande économie de combustible et nous en avons l'expérience sous nos yeux.

Il existe une usine métallurgique à un kilomètre de notre commune, les fumées qui ordinairement étaient répandues dans l'air sont aujourd'hui employées à chauffer la chaudière d'une machine à vapeur qui seule fait mouvoir les soufflets qui activent le feu du haut-fourneau de cet établissement où la fonte du minerai a lieu, et ce procédé intéressant est mis en usage dans plusieurs usines métallurgiques de nos environs, semblables à celle dont nous parlons. Ce nouveau moyen fait une économie de combustible pour plus de quarante francs par jour, et les frais sont si minimes pour cette opération, qu'il ne vaut pas dire qu'il en coûte, puisqu'il ne s'agit que d'adapter au corps de la cheminée un tuyau en forme de buse de fourneau ordinaire avec un tiroir au-dessus pour arrêter les fumées; avec ce simple moyen, on les conduit partout où l'on veut les rebrûler, et ce nouveau procédé peut être aussi bien employé sur la voie ferrée et sur la navigation avec le même avantage comme en d'autres lieux.

Ainsi donc les personnes qui disent que notre travail porte atteinte aux intérêts des capitalistes devraient dire plutôt que nous leur indiquons des moyens de les mieux servir qu'ils ne le font depuis bien des années et cela sous tous les rapports, car en mettant ces moyens en exécution, ils en retireraient une grande économie de combustible, et en même temps, on verrait la terre reprendre son état de fécondité, et de ces conséquences il s'en suivrait d'abondantes récoltes en tous genres qui donneraient un nouvel essor à l'activité de tous mouvements industriels et commerciaux.

À la vue d'un mal si cruel, et par la perspective de le faire disparaître avec des moyens avantageux; comment donc hésiter un instant pour les mettre en usage.

Si des doutes se présentaient sur l'efficacité de l'assainissement des fumées que produit la houille, par le moyen que nous indiquons, que l'on considère le gaz qui sert à l'éclairage, n'est-il pas à la connaissance de tout le monde qu'il ne présente plus aucun danger, lorsqu'il a subi la combustion, quoique cependant il soit très-funeste avant d'avoir passé par cette épreuve.

Nous avons remarqué dans le *Journal de l'arrondissement de Montmédy*, du 9 septembre 1856, que d'après le rapport d'ingénieurs expérimentés il y aurait un grand intérêt à substituer le bois à la houille et nous en donnons copie ci-après.

« En ce moment où le charbon de terre tend à surenchérir encore, il se fait dans diverses usines de France des expériences à l'effet de constater les avantages de l'emploi du bois substitué à la houille dans les machines à vapeur. Des rapports authentiques dressés par des ingénieurs des plus honorables, il résulte que dans un travail de douze heures le combustible végétal a procuré partout où il a été employé un économie de 70 centièmes, à quoi il faut ajouter 7 francs pour le prix de 5 hectolitres de braise qui sont retirés des grilles après que le bois a produit sa flamme dans la combustion.

» A ce premier résultat il convient d'ajouter encore la valeur de la cendre, l'économie des frais d'entretien et de réparation, et enfin l'économie qui résulte de ce fait que s'il faut une heure pour mettre l'eau en vapeur avec la houille, il ne faut que 11 minutes avec le chauffage au bois.

» Ces résultats ont appelé l'attention des conseils généraux de la Moselle, de la Meurthe et de la Meuse où il existe de nombreuses usines et où le déboisement prend depuis quelques années d'importantes proportions. En conséquence ces conseils ont formulé le vœu de voir le gouvernement maintenir largement à l'aide d'un travail compensateur nos ressources forestières, c'est-à-dire que pour un hectare de forêt défrichée en plaine, il fut repiqué deux hectares de terrain en pente dans les montagnes. »

Enfin les moyens que nous indiquons pour faire disparaître les maladies sur toutes choses en rebrûlant les fumées impropres, ou bien en substituant le bois à la houille, est d'un intérêt incalculable et de la plus grande salubrité possible partout où il sera employé sur la voie ferrée comme sur la navigation, non seulement on en retirerait une grande économie de combustible, mais aussi les voyageurs qu'ils transportent n'auraient plus à souffrir de ces fumées malfaisantes.

Dire que notre travail n'est susceptible d'aucune suite administrative, à quoi bon cette réponse ? Mais nous ne faisons pas d'appel à l'autorité, seulement nous lui exposons le mouvement et les griefs de maladies et en faisons connaître la cause et indiquons les moyens les plus avantageux pour les faire disparaître; et c'est là ce à quoi nous nous bornons: selon le vu de notre ouvrage, ce n'est pas la France seule qui par son mouvement industriel et commercial occasionne ces maladies, ni qui peut seule les faire disparaître par les moyens que nous indiquons; il est nécessaire aussi que beaucoup d'autres puissances y coopèrent. Si c'est à Sa Majesté l'Empereur Napoléon que nous avons désiré avoir l'honneur de présenter le premier notre travail, c'est qu'en faisant choix de Sa Majesté, pour cet effet, nous avons cru que c'était là un devoir des plus importants.

En apprenant que notre travail n'est nullement intéressant, nous aurions aimé aussi d'apprendre quel en était le motif; cependant nous ne pensons pas qu'il donne lieu de douter de sa véracité, attendu que ce n'est que d'après l'expérience que nous parlons, et même à bien prendre nous ne sommes que l'écho de tout le monde.

Par exemple, si nous disions dans nos mémoires que c'est en 1845 que ces maladies ont pris naissance au moment où les fabriques de gaz et les machines à vapeur ont eu de l'extension, et que depuis ce moment elles suivent constamment le même progrès, cette marche commune entre les maladies et ces grands établissements, nous pensons bien que personne ne l'ignore.

Si nous disons également que depuis bien des années des maladies épidémiques frappent à la fois les hommes, les animaux et les végétaux généralement d'une manière très sensible, et que l'air atmosphérique est l'âme et le souffle de vie de tout ce qui respire, et que la fumée de la houille est la seule sorte de poison qui peut généralement causer le trouble dans la source de vie, de manière à influer sur l'existence des hommes, des animaux et des végétaux, et que depuis l'origine de ces maladies qu'il en est répandu constamment dans la source vitale la plus grande quantité possible, et qu'à la suite tout ce qui s'y va s'y désaltérer est vu généralement malade et mourant, peut-on dire autrement, ne sont-ce pas là des vérités incontestables, dont la généralité des hommes a parfaite connaissance.

D'après toutes ces considérations, en disant que c'est la surabondance de miasmes répandus constamment depuis bien des années dans la source de vie qui est l'auteur de ces maladies épidémiques qui se voient ordinairement parmi tout ce qui respire. Y a-t-il besoin de le dire? cela ne parle-t-il pas seul. Par exemple, si le poison était répandu publiquement dans des substances alimentaires et que tout ce qui irait s'en nourrir soit vu, à la suite, malade, les personnes présentes à cette opération, pourrait-on penser qu'il y aurait besoin de leur déduire les motifs de ces conséquences funestes. Et pourquoi donc ces maladies qui constamment ont lieu depuis que ces miasmes sont répandus avec abondance dans l'atmosphère ne seraient-elles pas les conséquences de cet empoisonnement. Est-ce que l'air n'est pas aussi la substance nécessaire et même indispensable à tout ce qui respire ?

Quoiqu'il arrive que nous exposons le mouvement et les griefs de maladies d'une manière incontestable et que nous en faisons connaître la cause le plus clairement possible et indiquons les moyens les plus avantageux pour les faire disparaître ; malgré toutes ces considérations on ne tient compte de rien ; sans égard on efface tout d'un seul trait de plume, puis l'on dit sans plus de forme que rien ne vaut.

Ce moyen nous paraît très-commode pour résoudre la question la plus importante ou bien pour la trancher ; cette façon de procéder ne fait pas même entrevoir pourquoi on est désapprouvé.

4

Quoiqu'il est que notre travail soit repoussé ainsi, il n'en est pas moins vrai, et nous disons avec assurance, que lorsqu'il aura reçu la publicité que nous désirons lui donner, il ne viendra plus à la pensée de qui que ce soit, d'en présenter de nouveau en dehors de nos idées.

Nous remarquons qu'à présent nous ne voyons plus paraître d'opposition à nos idées, sinon de la part des hommes qui se sont mis à cheval sur l'histoire pour faire valoir que les différentes maladies épidémiques qui ont lieu depuis bien des années n'ont rien d'extraordinaire avec celles qui ont pu paraître antérieurement; cette persévérance vient-elle de ce qu'ils ont l'espoir que leur moyen de traiter les maladies aura plus de succès à la suite que tout autre; c'est ce que nous désirons examiner.

Les personnes qui ont présenté des documents relatifs aux maladies depuis leur origine sont divisées en deux parties différentes, les unes ont pour principe d'attribuer les conséquences de la maladie des végétaux, comme nous l'avons dit à un vice dans la terre ou bien dans les plantes, et à cet effet, elles indiquent certaines sortes de médicaments pour les préserver de ces maladies et en même temps pour les guérir. Et les hommes qui jugent différemment sont ceux que nous disons qui prétendent que toutes les différentes maladies épidémiques qui paraissent depuis bien des années parmi les hommes, les animaux et les végétaux généralement, ne diffèrent de celles d'autrefois, et ils ne présentent d'autre remède à ce mal que celui de dire à qui veut bien les entendre, prenez patience, vous n'avez plus que cette année à souffrir de ces maladies, soyez certains que l'année prochaine vous en serez débarrassés.

Ainsi donc les uns nous disent, si vous voulez préserver

vos plantes de maladies ou bien les guérir, employez nos médicaments, et les autres ont pour principe d'exhorter à la patience. Ceux qui depuis plusieurs années ne paraissent plus insister à présenter leur moyen, c'est sans doute que leurs médicaments n'ont pas donné les résultats qu'ils en attendaient, les autres pour rester en pied avec leur système ont imaginé un nouveau moyen, ils ont pris le parti de faire valoir que si ces maladies ont constamment lieu, c'est en raison de ce que la température n'a pas encore été bonne une année depuis qu'elles paraissent et qu'elles ne cesseront que lorsqu'il arrivera une année de bon temps ; puis ils disent en même temps, espérons que ce bon moment ne se fera pas longtemps attendre.

Ainsi donc comme il y a lieu de le remarquer, il ne reste plus à toutes les personnes qui se sont présentées pour traiter les maladies depuis qu'elles ont lieu qu'un seul moyen, c'est celui d'exhorter à la patience.

Cependant personne ne pourrait nous dire qu'il en est autrement aujourd'hui, ni que les maladies sur toutes choses ont été traitées différemment depuis qu'elles paraissent que nous le faisons connaître ; d'après l'expérience ne pourrait-on pas bien dire que ce sont là des conjectures qui ressemblent plutôt à une fable façonnée à sa manière et qui va de bouche en bouche, qu'à des réalités.

Un mal continuel et progressif dont la terre est frappée jusque dans ses entrailles, ainsi que les hommes, les animaux et les végétaux, et cela généralement dans tous les pays du monde ; où est donc cette histoire qui rapporte que des maladies aussi cruelles ont eu lieu et sur laquelle on se fait si fort, et qui seule fait la base fondamentale aux hommes qui restent debout pour traiter ces maladies ? Elle n'est ni en France, ni en aucun autre pays : Ce n'est là que pensée chimérique.

S'il arrive que notre travail rencontre des difficultés parmi les hommes, il n'en est pas ainsi de l'expérience acquise avec le temps, au contraire tout ce que nous présentons qui est relatif au traitement des maladies, on est à même de remarquer qu'elle penche en sa faveur, et même, les mémoires qui se présentent maintenant concernant ces mêmes maladies, sont fondées sur des idées semblables aux nôtres.

Par exemple, si nous disons dans notre mémoire du 18 mai 1855, que les maladies épidémiques qui frappent depuis plusieurs années les hommes, les animaux et les végétaux, reparaîtront annuellement jusqu'à ce qu'il ne sera rien changé à l'usage de la houille comme combustible; deux années se sont écoulées depuis cette époque, en a-t-il été autrement, n'ont-elles pas reparu avec le même mouvement et les mêmes symptômes? Et nous disons de nouveau avec la plus grande assurance qu'il en sera de même jusqu'à ce que l'on mettra en usage les moyens que nous indiquons.

Si nous disons dans nos mémoires que la fumée de la houille est funeste et que les maladies qui paraissent depuis bien des années sur tout ce qui respire ne sont que les conséquences de la surabondance de ces miasmes répandus dans l'air; M. Sussdorf, dans son ouvrage que nous reproduisons, rapporté par l'organe du gouvernement ne présente-t-il pas les mêmes idées que nous en disant que c'est la grande quantité de matières gazeuses que versent dans l'air les hauts fourneaux, les fours à coke, les usines métallurgiques et les fabriques de soude etc., qui occasionnent ces maladies générales que l'on voit parmi les êtres animés et les végétaux. Il dit en même temps qu'il a l'expérience que ces fumées sont funestes aux plantes.

Plusieurs personnes aussi nous ont appris également qu'elles avaient parfaite connaissance que ces miasmes dont parle M. Sussdorf étaient funestes aux plantes de même qu'aux hommes et aux animaux. M. Payen, dans son rapport que nous citons, ne présente-t-il pas également des idées en rapport avec les nôtres en disant que les maladies qui ont lieu parmi les végétaux ne sont que le résultat d'un trouble dans l'atmosphère.

Si nous disons dans nos mémoires que les moyens que nous indiquons pour faire cesser ces maladies sur toutes choses sont très-avantageux et ne sont préjudiciables à qui que ce puisse être, n'en avons-nous pas l'expérience aujourd'hui que partout où ils sont mis en usage on en retire un grand intérêt.

A quoi se réduit-elle la cause de ces maladies que l'on cherche partout et que l'on ne rencontre nulle part? à de la fumée répandue en trop grande abondance dans l'air.

Et le remède à tant de malheurs et de misères, et que tout un chacun considère comme un mystère, en quoi consiste-t-il? Tout simplement à mieux servir nos intérêts que nous ne le faisons actuellement et que cela n'a eu lieu depuis bien des années.

S'il est que les hommes dont le comité est composé n'apprécient pas bien le mérite de notre travail, espérons que les intéressés de ces grands établissements où on fait une forte consommation de la houille comme combustible aussi bien en pays étrangers comme en France, sauront bien comprendre leur intérêts et que tout en les servant, ils feront le plus grand bien possible à tout le monde généralement en le délivrant du fléau le plus terrible qui ait jamais paru.

Dans les mémoires que nous présentons relativement aux maladies d'aujourd'hui, il y a tout lieu de remarquer que nous nous y exprimons très-catégoriquement, et même aux personnes à qui nous disons qu'elles n'ont pas raison dans leur manière de traiter les maladies, nous disons pourquoi. Et nous remarquons qu'il n'en est pas de même des hommes qui font de l'opposition à nos idées, nous n'en rencontrons aucun parmi le nombre qui fasse connaître quels en sont les motifs. Un procédé semblable nous paraît plutôt manière de conversation qu'autrement en pareille circonstance.

Dans l'intérêt de la société entière, n'est-il pas à désirer que les personnes qui se présentent pour faire de l'opposition à des idées qui ne tendent qu'au bien-être public, qu'elles s'expriment aussi ouvertement que nous le faisons afin que tout un chacun puisse en juger.

Aujourd'hui nous verrions volontiers que les gouvernements donnassent des encouragements à ces grands établissements qui versent dans l'air quantité de matières gazeuses, de préférence, qu'à l'industrie agricole, afin de les exciter à changer leur mauvais système le plus promptement possible, pour qu'ils adoptent celui que nous indiquons pour mettre fin à ces maladies. Il est démontré par l'expérience que le cultivateur est impuissant pour lutter contre ces maladies; quand bien même il donnerait plus de soins et de travail à ses terres, il est prouvé que ses emblaves n'en seraient pas pour cela à l'abri et qu'il n'y a qu'en arrêtant ce mal que l'on verra la terre reprendre son état de fertilité et les plantes leur prospérité comme avant que ces maladies paraissent.

Avant de nous résigner, Sire, nous avons désiré adresser ce nouveau mémoire à Votre Majesté.

Ce qui nous y autorise, ce sont les sentiments de bien-
veillance que vous ne cessez de prodiguer à la société
entière.

Et par l'assurance que nous ne présentons à Votre Majesté
que des vérités incontestables et des plus intéressantes.

Et la prions de croire à la sincérité de celui qui a l'honneur de se dire,

Sire,
De Votre Majesté Impériale,
le très-humble, très-respectueux
et fidèle serviteur,

F. LAURENT.

Chauvency-le-Château, le 28 mai 1857.

APPENDICE.

OBSERVATIONS nouvelles que nous avons pu faire, pendant le cours de l'année 1857 concernant les maladies pestilentielles qui ont lieu depuis 13 années consécutives parmi les hommes, les animaux et les végétaux.

Une année sèche et chaude était la seule espérance d'une quantité très considérable de personnes pour mettre fin à ces maladies qui paraissent parmi les végétaux de différentes espèces. Devons-nous en attendre une qui le soit davantage que celle de 1857 ; cette année ne doit-elle pas être placée au nombre des plus sèches et des plus chaudes qu'il ait paru de mémoire d'homme ? quels sont les résultats de cette année tant désirée ? Ont-ils répondu à ce que l'on en attendait ? Ces maladies se sont-elles pour cela arrêtées ? N'ont-elles pas suivi leur cours ordinaire, de même qu'il en a été des années antérieures, avec plus ou moins d'intensité selon que la température en favorise le développement ? N'arrive-t-il pas aujourd'hui que tont un chacun est à même de se convaincre que tous les moyens qui ont paru pour traiter ces maladies en dehors de nos idées sont confondus par l'expérience, et qu'il ne reste plus debout que celui qui en attribue les conséquences à Dieu pour la seule raison qu'il est puissant. Quel est donc le fondement de ce dernier moyen qui reste en vigueur ? C'est-il que ces personnes prétendent que ces maladies ne sont que le résultat de sa volonté ? ou bien si elles n'étaient pas de son gré qu'il les ferait cesser ?

Qu'est-ce que Dieu en retirerait de maltraiter ainsi

ses enfants ? en serait-il pour cela plus grand, plus majestueux ? C'est se méprendre que de faire retomber tous ces torts sur ce souverain maître, et pour se convaincre de cette vérité, examinons par quelle voie Dieu active le mouvement vital, et quel en est le principe. N'avons-nous pas l'expérience que l'air en est le principal moteur ? Tout le monde n'a-t-il pas parfaite connaissance que les hommes, les animaux et les végétaux sont sous la dépendance de ce puissant élément atmosphérique, puisqu'il est donné à l'air cette propriété d'influencer sur tout ce qui se meut ici-bas, qui donc peut occasionner ce mal général, si ce n'est l'effet résultant d'un trouble dans cette source de vie ? quoi donc peut la troubler, si ce ne sont des matières impropres telles que celles que nous signalons.

Dieu, qui est considéré comme étant le grand génie du bien, n'est-ce pas là chose singulière de voir quantité de personnes faire peser toutes les conséquences de ces maladies sur lui, parce qu'il est puissant; de n'avoir plus que de semblables moyens en son pouvoir pour traiter ces maladies, nous demandons aux hommes sensés s'il est bien rassurant de se reposer sur de pareilles doctrines.

S'il arrive, que les moyens qui ont paru, en dehors de nos idées, pour traiter ces maladies pestilentielles, sont frappés de désapprobation par le temps qui court, il n'en est pas ainsi à l'égard de ceux que nous présentons. au contraire, ils ne rencontrent pour l'ordinaire que de l'appui et rien de sensé ne paraît pour les contester.

Par exemple s'il est que nous disons dans nos mémoires que ces maladies ont apparu à l'époque où les machines à vapeur et les fabriques de gaz ont pris de l'extension, et que la houille, qui sert à activer ces mouvements indus-

triels et commerciaux, est un combustible qui produit une
énorme quantité de matières gazeuses; que ces miasmes
sont impropres à la respiration et cause l'asphixie; que
cette surabondance de fumée répandue constamment dans
l'atmosphère y occasionne un trouble; et que les maladies
pestilentielles qui ont lieu généralement parmi les hommes,
les animaux et les végétaux depuis 13 années consécutives
ne sont que le résultat de ces miasmes répandus trop
abondamment dans l'air atmosphérique; et qu'il serait
très intéressant de faire de nouvelles plantations plutôt que
de défricher les forêts.

Que rencontrons-nous au sujet de ces maladies pestilentielles dans l'*Echo de l'Est* du 5 mars 1858, journal
du département de la Meuse : Il rapporte ce qui suit :

» On lit dans la revue hebdomadaire du *Siècle*, sous la
signature Edmond Texier.

« Des prophètes se lèvent de tous les points de l'horizon
et nous disent que le monde, ne s'appuyant plus que sur
le bâton de la science expérimentale, doit nécessairement,
un jour ou l'autre, demain ou beaucoup plus tard, aller
se heurter contre l'inconnu. A la tête de ces sinistres
prophètes est M. Eugène Huzar, qui a déjà tenté de
démontrer dans deux ou trois livres que les savants nous
mènent à grandes guides vers un Père-Lachaise universel.
L'homme, suivant M. Huzar, est à la recherche de l'absolu ;
il a conquis l'Amérique, l'Océanie, mais il n'est pas satis-
fait et il veut conquérir les pôles; il a conquis l'espace
par les chemins de fer, les bateaux à vapeur, l'électricité,
mais il rêve la conquête de la navigation aérienne; il a
fait par la chimie la conquête du monde inorganique;
mais après avoir fabriqué de l'eau et de l'air, il voudra
créer comme Dieu, des végétaux et des animaux, et cette

recherche de l'absolu doit infailliblement le perdre un jour, parce qu'il lui sera impossible d'éviter l'écueil béant sur la route qui du fini conduit à l'infini.

« D'après ce système, la civilisation serait le dernier chant du cygne ; plus un peuple serait civilisé, plus il serait près de sa fin.

« On nous signale du reste bien d'autres causes de dissolution. Un savant, M. Piligot, a calculé que l'extraction de la houille et des autres combustibles minéraux dépasse aujourd'hui cinq cent cinquante millions de quintaux métriques par an, pour l'Europe seulement. Or, en admettant que ces combustibles contiennent 80 pour 0[0 de carbonne en moyenne, leur emploi répandrait dans l'air quatre-vingts milliards de mètres cubes d'acide carbonique par année. Nous voilà donc déjà quasi empoisonnés, puisque l'air chargé d'acide carbonique est impropre à la respiration. Mais si vous voulez calculer que les forêts de tous les continents se déboisent de plus en plus et que la proportion d'acide carbonique et d'oxide de carbonne se centuplera à l'infini à mesure que l'homme sera plus industrieux, vous devez croire, dit le prophète, dont je parlais plus haut, que, le monde étant sillonné de chemins de fer, de bâteaux à vapeur, étant couvert d'usines, de fabriques, dégagera des billons de mètres cubes d'acide carbonique et d'oxide de carbone et comme les forêts auront été détruites, ces centaines de billions d'acide carbonique et d'oxide de carbone auront très-certainement pour résultat de vicier l'air complétement et d'asphyxier les hommes et les animaux. Et c'est ainsi que, grâce à la science, il ne restera plus personne sur notre globe, un beau matin, pas même un savant.

» M. Huzar prétend en outre que tous ces millions,

de quintaux métriques de charbon retirés du sein de la terre, et multipliés un jour par des milliards, pourront bien changer le centre de gravité du globe et faire dévier l'axe de la terre. La science a déjà beaucoup troublé, il paraît, l'harmonie du monde et c'est peut-être à cette perturbation scientifique qu'il faut attribuer ces changements climatériques dont nous sommes témoins depuis quelques années; ajoutez à cela une autre cause de perturbation prochaine, le percement des isthmes, dont il est si fort question en ce moment. Les isthmes, s'il faut en croire le prophète, sont des digues posées par Dieu. Qui sait si, ces digues arrachées, les mers ne se précipiteront pas à l'aventure et si l'homme n'aura pas rompu l'équilibre des Océans? Voilà de terribles hypothèses; je demande positivement que les savants me rassurent, car je commence à être fort inquiet sur le sort des générations qui naîtront dans quelques centaines d'années. Il serait triste de léguer à ses arrière-neveux, un monde aussi détérioré et exposé à tant de cataclysmes. »

Si nous disons également que le moyen que nous indiquons pour faire cesser ces maladies en rebrûlant la fumée est très-avantageux, nous apprenons qu'il est mis de nouveau en usage à Grenelle-près-Paris et dans le département de la Gironde, et cela dans de grands établissements industriels comme dans les usines metallurgiques dont nous parlons dans nos mémoires, et que de ce procédé, il en résulte une économie de combustible de 55 pour cent. Ce résultat nous paraît bien suffisant pour donner une nouvelle preuve que le moyen que nous indiquons pour arrêter ces maladies est très-intéressant.

En est-il ainsi des autres moyens qui sont opposés au nôtre pour traiter ces maladies et qui servent d'armes à bien des personnes pour combattre nos idées, c'est ce que nous désirons examiner.

Il y en a de trois sortes différentes de ces moyens; suivant que nous le disons dans nos mémoires, le premier consiste à employer pour l'ordinaire des médicaments pour traiter en particulier différentes espèces de végétaux malades, et ce procédé est ordinairement mis en usage chaque année qui se succède sur certaines sortes de végétaux. A la suite de ce traitement, si par l'effet du hasard, il arrive que quelques plantes paraissent en être soulagées, y a-t-il lieu pour cela de croire que ce moyen est très-avantageux et salutaire pour arrêter le cours de ces maladies; ce doit-il être là un motif pour que ce moyen de traiter les plantes une à une soit préférable à celui d'en arrêter la cause généralement.

Par exemple, s'il était que deux armées d'hommes se rencontrent, qu'une lutte s'engage entre elles, et qu'à cette occasion, il se présente différentes personnes, les unes avec certains moyens pour traiter les blessés, et d'autres avec des moyens propres à faire cesser ce combat, serait-il préférable de laisser constamment s'entretuer ces hommes pour satisfaire l'amour-propre des personnes qui se mettraient en frais pour penser des plaies plutôt que de mettre fin à cette lutte.

Le second moyen qui paraît également pour traiter ces maladies n'a d'autre vue que celle d'attribuer la cause de la maladie des végétaux à des pluies trop fréquentes.

Et le troisième et dernier moyen, n'est autre chose que de faire valoir que toutes les maladies qui paraissent généralement sur tout ce qui respire, ne sont que le résultat de la volonté de Dieu, et qu'il n'y a que lui seul en pouvoir de les arrêter.

Cependant ce n'est que de cette manière que chacun a traité ces maladies depuis leur origine, et personne ne peut dire qu'il en a été autrement. Quelle conséquence peut-on tirer de semblables moyens.

D'avoir de l'indifférence pour le travail que nous présentons ou bien de repousser nos idées pour laisser en pied ces hommes avec de pareils moyens, ce serait là méconnaître les plus grands intérêts possibles. Depuis 13 années consécutives que ces maladies sont traitées de la sorte, il nous semble qu'un aussi grand nombre d'années d'épreuves sans le moindre succès doivent bien suffire pour démontrer à l'évidence que ce n'est là que chose insignifiante.

A la suite de semblables conséquences nous avons lieu d'espérer que nos sollicitations qui n'ont que des vues très intéressantes, et qui ne tendent qu'au bien-être général seront prises en considération, et que chacun de son côté fera tous les efforts nécessaires pour mettre fin à ce fléau destructeur dont la société entière en est généralement affligée.

Chauvency-le-Château, le 12 mars 1858.

F. LAURENT.

FIN.